PROGRAMME DE CONSTITUTION

PAR VOIE DE RÉFORMES SUCCESSIVES

OU

SYNTHÈSE

DE

PRINCIPES ÉCONOMIQUES

POLITIQUES ET RELIGIEUX

PAR

M. PAUL LACOIN

(CONCLUSION D'ENQUÊTE; ESSAI DÉDIÉ A LA CRITIQUE.)

> Le libre échange, ce n'est rien : l'esprit du libre échange, c'est tout.
> BASTIAT.
>
> C'est l'application de la morale évangélique à la constitution de l'État.

PARIS
A. PARENT, IMPRIMEUR DE LA FACULTÉ DE MÉDECINE
Rue Monsieur-le-Prince, 31.

1871

BUDGET

AVANT.	APRÈS.
Dépouillement des volumes distribués aux représentants.	Reproduction de la quittance de chaque contribuable.

DÉPENSES.

		Millions.		pour toute la France milli.	pour chacun moyenne fr. c.			Millions		Pour toute la France milli.	Pour chacun moyenne fr. c.
ÉTAT.	Guerres, terre et mer	800				ÉTAT.	Sûreté (magistrature, armée de terre et mer, trav. pub.)	200		200	5 15
	Justice	40				PROVINCE OU DÉPART.	Sûreté (gendarmerie, forts).	200			
	Cultes	50					Circulation (grandes voies de terre, fer, eau; ports).	200		400	10 35
	Instruction	60									
	Travaux publ.	100									
	Dotation	50				COMMUNE (services permanents.)	Sûreté (police urbaine ou rurale).	200			
	Administrat.	100					Circulation (chemins, rues, ruisseaux).	200			
			1200				Instruction primaire, prof., sup.	200		600	15 50
	Intérêts : dettes antéri.	600									
	« 1870	600				(services temporaires)	Intérêts : dettes antérieures 600 « 1870 600		1200	1200	31 »
			1200								
	Recouvrement des impôts		300	2700	70		Amortissement en 25 ans	300		1500	39 »
				2700	70 »					2700	70 »

RECETTES.

			Pour toute la France Milli.	Pour chacun moyenne fr. c.			Pour toute la France Milli.	Pour chacun moyenne fr. c.
Contributions directes et indirectes; timbres; domaines; douanes, sels; postes; etc., etc.	Prélèvement sur les ressources sans aucune proportion possible avec les ressources.		2700	70 »	Répartition des dépenses de l'Etat par l'Assemblée nationale entre les provinces ou départements; des dépenses de ceux-ci par les assemblées provinciales ou départementales entre les communes; des dépenses de ces dernières par les assemblées communales entre les particuliers et perception commune sans frais au moyen de cette quittance.	Comme ci-contre avec cette différence que le prélèvement est proportionnel aux ressources.	2700	70 »
			2700	70 »			2700	70 »

Le maintien temporaire du montant de cette balance, établie au-dessus des chiffres officiels de quelques centaines de millions, mais de bien davantage au-dessous de la vérité, est dû à la nécessité soit d'améliorer les services publics qui ont été négligés, soit d'arriver à l'amortissement le plus rapide possible de nos 24 milliards de dette. Ne point amortir, ne permettrait de diminuer les recettes que d'une somme relativement peu importante, 300 millions sur 2700 millions, 7,80 par personne sur 70 fr. Amortir au contraire de pareille somme, ce n'est point seulement éteindre la dette en *vingt-cinq* ans ; c'est à la condition d'associer les communes à cette opération en autorisant le rachat par elles, au cours, des titres de rente, moyennant payement, par voie d'imposition extraordinaire, escompter dès aujourd'hui la réduction ultérieure des impôts de 2700 à 1200 millions, soit de 70 à 31 fr. par personne, et réaliser sans frais, au profit de tous, l'emprunt des milliards dont nous avons besoin.

PROGRAMME DE CONSTITUTION.

I.
Principe fondamental.

Restriction du rôle de l'État dans la spécialité de fait et de droit, qui permet de le définir l'organe de la force mise au service de l'ordre intérieur et de l'indépendance nationale.

Unité politique, décentralisation administrative.

Économie reposant sur une bonne division des services.

II.
Réforme électorale.

Division des services qui forment le fond de toutes les lois divines et humaines, le caractère de l'homme, le lien de la société, en services privés ou publics qu'échangent plus ou moins librement entre eux les éléments ou organes élémentaires de l'humanité, et services politiques plus ou moins librement imposés à ces éléments ou organes élémentaires par l'organisation nationale dont ils font partie.

Hérédité des propriétés acquises par les différents organes élémentaires et éléments individuels dans l'exercice de leurs fonctions ; révocabilité par l'organe politique aussi bien que par les organes publics ou privés, chacun en ce qui le concerne, des pouvoirs à l'aide desquels ces fonctions sont exercées.

Distinction des pouvoirs politiques ainsi institués en pouvoir représentatif émanant du suffrage universel, et pouvoir exécutif émanant du pouvoir représentatif, le premier chargé de l'étude, de la position et de la solution des questions dans la mesure où il réunit la compétence et l'impartialité et par conséquent du choix, en dehors de ses membres, des fonctionnaires appelés à exercer le second; celui-ci non moins inaccessible individuellement que subordonné collectivement aux membres de celui-là, chargé de la mise en pratique, sous sa propre responsabilité, de tout ce qui ne fait plus question.

Application de ces principes à tous les degrés de la hiérarchie des pouvoirs, toute infraction qui pourrait y être faite, sous quelque forme qu'elle se produisît, d'intervention de l'autorité supérieure, de plébiscite ou de suppression d'incompatibilité, ne pouvant qu'être une cause de conflit.

Respect dans l'établissement de cette hiérarchie des pouvoirs du principe qui fait dépendre l'existence de toute organisation de la subordination des organes, et la subordination des organes de la diversité de fonctions spéciales dans l'unité d'une fonction plus générale.

Décomposition, d'après ce principe, de la fonction politique ou fonction générale de force en fonction spécialement dite politique, parce qu'elle se rapporte à l'organisation supérieure de la force dans chaque nation, et qu'elle tient sous sa dépendance tous les services politiques en tant qu'ils intéressent la sûreté nationale, et fonction administrative ainsi nommée parce qu'elle ne concerne que l'administration ou l'organisation secondaire de la force.

Décomposition de cette fonction administrative elle-même, laquelle ne diffère de la foncti͡on politique proprement dite que par le degré de généralité, en fonction administrative d'une nature générale, composée de services intéressant directement la force et comprenant, avec une part de l'administration de la sûreté publique, l'organisation et l'administration de la circulation dans l'intérieur du pays, et fonction administrative d'une nature moins générale, bien que d'une utilité fort commune encore.

Décomposition de cette fonction administrative, à son tour, en services de sûreté privée, de circulation locale et d'instruction personnelle, la force matérielle résultant, par le fait de cette simple division des services, de l'union de toutes les forces personnelles librement développées.

Gestion, par l'organe chargé de chaque fonction, des biens meubles et immeubles, ainsi que de la partie du domaine public ou privé, dépendant de ses services.

Reconnaissance du devoir du suffrage universel de s'organiser lui-même, sur ces bases, au mieux de ses intérêts divers ou plus ou moins généraux, pour l'exercice de son droit, par l'institution de Comités électoraux permanents.

Conciliation du principe qui fonde la représentation sur le chiffre de la population et du principe qui fonde la représentation sur l'opposition harmonique des intérêts légitimes : délimitation des circonscriptions administratives, d'après les exigences les plus générales des services politiques et des circonscriptions électorales, d'après les exigences particulières ou possibles des mêmes services, eu égard à un chiffre donné de population, de manière à ce qu'il y ait toujours pour chaque assemblée un représentant par circonscription électorale et une circonscription électorale par représentant.

Composition ainsi obtenue : de l'unité politique, quel que soit le nom qu'on lui donne, représentée par l'Assemblée nationale, au moyen de circonscriptions électorales, arrondissements ou sections d'arrondissements, villes et campagnes, et formées chacune d'un nombre d'électeurs déterminé quant à son minimum par la possibilité d'apercevoir ou de supposer un intérêt politique distinct, et quant à son maximum par la convenance d'arriver à l'unanimité de confiance dans le même candidat, au point de vue d'un intérêt politique commun ; des circonscriptions administratives appelées provinces ou départements, suivant leur importance ou leur étendue, comprenant chacune un ou plusieurs arrondissements et représentées par les conseils généraux, au moyen de circonscriptions électorales, appelées cantons ou sections de cantons, villes et campagnes, et formées chacune d'un nombre d'électeurs déterminé quant à son minimum par la possibilité d'apercevoir ou de supposer un intérêt distinct au point de vue de l'administration générale, et quant à son maximum par la convenance d'arriver à l'unanimité de confiance dans le même candidat, au point de vue de l'intérêt commun, tant politique que d'administration générale ; enfin des circonscriptions administratives appelées communes, représentées par les Conseils municipaux, et comprenant chacune soit plusieurs cantons, soit un canton entier, soit une fraction de canton, au moyen de circonscriptions électorales appelées quartiers ou sections de quartiers, villes et campagnes, et formées chacune d'un nombre d'électeurs déterminé, quant à son minimum, par la possibilité d'apercevoir ou de supposer un intérêt municipal distinct, et quant à son maximum par la convenance d'arriver à l'unanimité de confiance dans le même candidat, au point de vue de l'intérêt commun, tant politique et d'administration générale que municipal.

Administration supérieure de la capitale ou chef-lieu de l'unité politique par l'Assemblée nationale, des chefs-lieux de province ou de département par les assemblées provinciales ou départementales, comme des chefs-lieux de commune par l'assemblée communale.

Option laissée aux grandes villes, d'être ou de n'être pas le chef-lieu des circonscriptions administratives dont elles font partie, ou même de ne faire partie d'aucune autre circonscription administrative que celle de leur enceinte, et de s'administrer elles-mêmes, dans ce cas, en villes libres, c'est-à-dire avec deux ordres d'assemblées, comme les provinces ou départements, ou avec une seule assemblée, comme les simples communes.

Tutelle ou interdiction, en cas d'inaptitude ou de désordre, des assemblées inférieures par les assemblées supérieures, avec droit de nomination provisoire des maires par les préfets ou gouverneurs, des préfets ou gouverneurs par le chef du pouvoir exécutif.

Nomination, sous ces réserves, des maires par les assemblées communales, des préfets ou gouverneurs par les assemblées départementales ou provinciales, du chef du pouvoir exécutif, enfin, par l'Assemblée nationale, avec obligation pour toutes ces représentations, de ne choisir, chacune

en ce qui la concerne, comme son mandataire
ou le délégué de son autorité, en qualité de fonc-
ionnaire, qu'un administrateur ayant déjà fait,
dans les services publics ou privés, son appren-
tissage et ses preuves.

Choix, par préférence, du Préfet ou Gouverneur
parmi les Maires, du Chef du pouvoir exécutif
parmi les Préfets ou Gouverneurs.

Renouvellement chaque année, non nécessai-
rement dans un seul et même jour pour toute
la France, mais dans un seul et unique jour
pour chaque arrondissement, des trois ordres
d'assemblée de cette circonscription électorale au
moyen de l'élection au siége de la Commune
pour chaque assemblée d'un représentant, maintenu à son poste indéfiniment jusqu'à la réunion contre lui de la majorité absolue des suf-
frages.

III.

Réforme militaire et judiciaire.

Responsabilité, ainsi établie, de toutes les assemblées devant le suffrage universel qui les élit; des
mandataires de toutes ces assemblées exerçant
l'autorité ou le pouvoir exécutif, devant les assemblées qui les choisissent; des chefs de la magistrature et de l'armée devant le Chef du pouvoir
exécutif qui les nomme; de tous les fonctionnaires de l'ordre administratif, comme des simples
citoyens, suivant la nature de leurs actes, devant
la loi civile ou militaire.

Choisi par l'Assemblée nationale parmi les Gouverneurs qui se seront le plus distingués par leur
capacité, le Chef du pouvoir exécutif ne pourra

lui-même, en règle générale, confier l'administration supérieure de la justice et de la défense nationale, qu'à des magistrats ou à des officiers s'étant déjà signalés, en province, par leur capacité, à la tête de la magistrature ou de l'armée.

Indépendance, ainsi entendue, de la magistrature et de l'armée.

Installation, après enquête sur les lieux, par le juge et le général, inspecteurs délégués du chef de la magistrature et de l'armée dans la province ou le département, d'un capitaine instructeur et d'un juge de paix dans chaque canton.

Proposition par le capitaine instructeur et le juge de paix aux juges présidents des tribunaux et de la Cour de la province ou du département, ou aux généraux préposés aux divisions et au commandement de la province ou du département, de la liste annuelle des hommes en mesure de payer leur dette à la patrie comme soldats ou comme jurés.

Recrutement des officiers et des magistrats, non parmi les jeunes gens sortant des écoles de droit ou des écoles polytechniques, mais parmi les hommes d'élite des corps militaires ou du barreau, pourvus d'un diplôme tenant compte de l'élection et de l'examen, ou d'une notoriété en tenant lieu.

Promotions ainsi faites, par la magistrature et par l'armée elles-mêmes respectivement dans la magistrature et dans l'armée.

Obligation pour tous les citoyens du service militaire sur terre ou sur mer et du jury.

Maintien de la Cour de cassation, institution d'une Cour d'État major ou académie militaire, composées l'une et l'autre, d'après les principes ci-dessus, moins par élection que par sélection.

IV.

Réforme financière.

Établissement, dans ces conditions, par chaque assemblée, de son budget de recettes aussi bien que de dépenses, dans les limites fixées par la constitution ou la loi, et perception aussi directe que possible d'impôts aussi modérés que possible, d'une façon aussi sincère que possible.

Répartition des dépenses nationales par l'Assemblée nationale entre les provinces ou départements; répartition tant de leur quote part de dépenses nationales que de leurs dépenses propres, par les assemblées provinciales ou départementales entre les communes; répartition tant de leur quote part de dépenses nationales et provinciales ou départementales, que de leurs dépenses propres, par les assemblées communales entre les particuliers.

Chaque contribuable recevra, chaque année, en même temps que sa carte d'électeur, qui lui tiendra au besoin, lieu de passe-port, la quittance de toutes ses contributions.

Cette quittance, participant, quant à sa nature, des quittances des compagnies d'assurances, et quant à sa forme des titres nominatifs des compagnies de chemins de fer, et fractionnable par douzièmes et au delà, fournira à chaque contribuable, en regard de l'indication des époques de toutes les échéances, la répartition entre les divers services publics de la somme totale à payer.

Fixée par les autorités, c'est-à-dire par les représentations ou assemblées compétentes, d'après les besoins de l'État, des provinces ou des départements, des communes, et les facultés des particuliers, la somme, ainsi connue de chacun et de tous, ne pourra excéder, quant au total, une fraction déterminée par la loi des revenus, des ressources, des profits de chaque citoyen, et, quant à la répartition, une proportion comme celle-ci, par exemple : *un*, des facultés de chacun pour l'Etat, *deux* pour la province ou le département, *trois* pour le canton ou la commune.

Décompte à part de l'intérêt et de l'amortissement de nos dettes avec spécification de l'origine.

Substitution, ainsi opérée, au moyen d'une économie annuelle de plusieurs centaines de millions sur les frais de perception, de la livraison et de la destruction effectives des titres de rente rachetés par les communes au fonctionnement de la caisse d'amortissement et du contrôle de chaque intéressé au contrôle de la Cour des comptes.

Abolition ainsi effectuée de tous impôts sur la production tant matérielle qu'immatérielle.

Epuration et moralisation simultanée et corrélative, ainsi obtenue, tant de l'impôt, de l'armée et du jury, que du suffrage universel par la subordination rendue apparente, puis réelle, de l'exercice du suffrage à l'acquittement des obligations du citoyen.

V.

Réforme administrative.

Assimilation dans la mesure de l'équité et de la justice, au point de vue du droit, de l'exercice de certaines fonctions publiques à l'accomplissement d'un mandat reconnu par contrat, à charge d'assimilation, dans la même mesure, au même mandat de ces mêmes fonctions au point de vue du devoir.

Séparation financière, sous cette condition, dans les plus courts délais financièrement possibles, de l'État et de toutes les fonctions publiques funestes, inutiles, ou pouvant être remplies autrement que par voie d'impôt.

Faculté laissée à l'initiative privée d'organiser ou de réorganiser tous ceux de ces services, cessant ainsi d'être non pas, à proprement parler, publics, mais politiques ou imposés, et dont l'utilité publique, ne permettra pas la fin.

Réorganisation, sous l'empire de la loi commune, de l'Église, de l'Université, du Corps des ponts et chaussées.

Fondation, d'après ces modèles, d'institutions charitables, morales, religieuses, scientifiques, littéraires, artistiques, commerciales, financières, industrielles et agricoles.

Concession, en pleine propriété à ces institutions, des meubles et immeubles dépendant de leurs services.

Représentation à elles confiée de ces mêmes services auprès des assemblées communalles au moyen de commissions ou syndicats cantonaux; auprès des assemblées départementales ou provinciales par des chambres consultatives ou conseils supérieurs ; auprès de l'Assemblée nationale, enfin, par un conseil d'État.

Transformation du plus grand nombre de nos ministères actuels, notamment de notre ministère des affaires étrangères et d'une partie des autres en sections de ce conseil.

Recours ouvert aux réclamations particulières devant les syndicats ou commissions contre les particuliers en vue d'un accord amiable ; devant les chambres ou Conseils supérieurs contre les agents et fonctionnaires de l'ordre administratif, en vue de redressements sans frais ; devant le conseil d'Etat enfin, contre les chefs ou les membres de la magistrature et de l'armée, en vue de peines disciplinaires entraînant, au besoin, l'autorisation de poursuites.

Exercice ainsi facilité à tous les citoyens, non-seulement sous le rapport de l'application, mais sous le rapport du principe, de leur droit de surveillance sur les services publics, au moyen d'un intermédiaire intéressé à faire rendre à ces services tout ce qu'ils peuvent rendre et rien de plus, et à en diminuer non seulement le prix, mais le nombre au profit de la production nationale qui le paye et dont il est l'agent.

Diminution ainsi assurée de toutes les erreurs ou entraves administratives, de tous les inconvénients et frais résultant au seul profit de la bureaucratie publique et privée du défaut d'organisaion judicaire, militaire ou financière.

Introduction dans l'enseignement des diverses écoles et des colléges de cours théoriques et d'exercices pratiques, permettant aux jeunes gens d'être, après examen, dispensés des obligations imposées pour leur instruction à tous les citoyens comme jurés et comme soldats, et de voir réduire le temps qui leur sera demandé à l'un ou à l'autre de ces titres, au nombre de mois que chacun uniformément devra comme service.

Développement non moins assuré ainsi, tant dans les campagnes que dans les villes, des services réellement publics, aussi bien d'ordre administratif que d'ordre politique, et relatifs notamment soit à l'instruction, soit à la circulation.

Amélioration de la canalisation, de la navigation fluviale et de l'outillage maritime; institution, sous le patronage des grandes villes, d'écoles provinciales, agricoles, industrielles, commerciales, administratives..

Régularisation progressive de cette organisation par l'établissement naturel d'un certain rapport entre la composition des syndicats ou commissions, des chambres ou conseils supérieurs, du conseil d'État, et le montant des impôts inscrits au compte de chaque spécialité, sur le budget des assemblées.

VI.

Réforme législative.

Consécration de la séparation de l'État de tout ce qui n'est pas son service propre, par l'institution d'un Sénat chargé de s'opposer à la violation des principes antérieurs et supérieurs à toute constitution, que cette séparation suppose, et de contribuer à réduire ces principes, avec le concours de tous, en un texte de plus en plus exact formant les lois de l'État.

Élaboration sur l'initiative de l'opinion publique et de la presse, des projets de lois de l'État par le conseil d'État; communication officieuse à la Cour de cassation ou à la Cour d'État major; présentation à l'Assemblée nationale, et au Sénat et première délibération ; publicité par les assemblées communales; discussion par les assemblées départementales ou provinciales; adoption, après une deuxième délibération, par l'Assemblée nationale; promulgation par le Sénat.

Préparation des lois d'application, ou décrets de guerre comme de paix, par le chef du pouvoir exécutif et le conseil d'État; communication officieuse par le conseil d'Etat au sénat et aux assemblées provinciales ou départementales; vote par l'Assemblée nationale ; contrôle par le sénat.

Notification par le chef du pouvoir exécutif aux gouverneurs ou préfets. et, selon le cas, aux chefs de la magistrature et de l'armée.

Élévation à la dignité de sénateur par l'Assemblée nationale, sur la présentation du conseil d'État, tant des anciens chefs du pouvoir exécutif, des anciens gouverneurs, préfets, ou maires que des anciens chefs ou membres de la magistrature et de l'armée; et par les assemblées provinciales ou départementales, sur la proposition des assemblées communales, d'un nombre proportionné de représentants de l'intelligence, du capital et du travail, pris dans le sein de l'Assemblée nationale ou du conseil d'État.

Désignation par la loi des cas de violation de l'Assemblée nationale entraînant sa suppléance par le Sénat, comme aussi des cas de dissolution du Sénat par lui-même, entraînant la mise en état de siége de l'Assemblée nationale par les provinces ou départements organisés.

VII.

Réforme pénale.

Révision, dans l'esprit de la constitution, de la législation civile et militaire.

Exposition par les codes, civil et de commerce, des principes de liberté qui régissent, par toute la France, les personnes et les propriétés, les institutions et la famille.

Élimination de leur texte, par voie de conséquence de l'abolition de tous impôts sur la production matérielle ou immatérielle, de toutes dispositions pouvant être considérées comme apportant à l'exercice des droits naturels de don, d'échange, de succession, de réunion, de publicité, d'association, une autre entrave préventive que la perspective de la répression dans les cas et de la façon déterminés par la loi.

Liberté ainsi entendue de l'industrie et du commerce; de la presse, de l'enseignement et des cultes.

Gratuité de la justice, sauf condamnation à dommages-intérêts tant envers la [partie qu'envers l'Etat.

Renvoi de toutes les affaires judiciaires, selon leur nature, devant un jury divisé en sections, les jurés, statuant sur le point de fait, le magistrat sur le point de droit.

Repression énergique ainsi pratiquée des contraventions définies par les assemblées communales des délits définis par les assemblées départementales ou provinciales, aussi bien que ou actes portant une plus ou moins grave atteinte à la liberté, au moyen de pénalités ayant pour but la réparation du fait, ou la correction de son auteur, et basées, en ce qui concerne la réparation, sur le préjudice causé, en ce qui touche la correction, sur la perversité du coupable.

Interdiction et nullité de plein droit de toute réglementation répressive, aussi bien que préventive, qui ne distinguant pas, dans les manifestations extra-parlementaire de l'opinion publique, par paroles, écrits ou actes, l'appel à la raison de l'atteinte à la liberté, c'est-à-dire ce qui n'est que le stimulant de la vie politique de ce qui n'est qu'un attentat contre cette vie politique elle-même, empêche la loi d'être sage en empêchant le législateur d'être éclairé, remplace par le silence ou l'adulation, par l'abstention ou le servilisme, les sincères remontrances et les félicitations utiles, impose aux protestations la violence pour leur permettre de se faire jour, et est elle-même, en deux mots, la critique, mais la critique seule véritablement funeste des personnes et des choses dont elle défend la critique.

Extension ainsi entendue du droit commun à la presse, avec ses immunités et ses rigueurs.

Solution en dommages intérêts ou amendes, de toute action en réparation pure et simple; recours contre la commune d'inscription, pour le payement des amendes ou dommages intérêts avec faculté à elle laissée d'opter entre ses droits de saisie, de crédit et de radiation.

Graduation des peines correctionnelles entraînant la privation de la liberté selon le degré de des crimes définis par la loi, comme paroles, écrits perversité, depuis l'admission dans un établissement hospitalier fournissant les moyens de retourner au bien, jusqu'à la soumission au régime cellulaire, mettant tout au moins dans l'impossibilité de retourner au mal.

Police urbaine ou rurale, garde départementale ou provinciale, ainsi exercée par des agents de la force publique dépendant des Assemblées communales, des assemblées départementales ou provinciales, sous l'œil et la main de la magistrature.

Répudiation par la loi de tout emploi de cette force, de toute arrestation notamment, en dehors du cas de flagrant délit, si ce n'est après jugement, sauf mise en état de siége.

Refonte opérée, d'après ces principes, tant du Code d'instruction criminelle et du Code de procédure que du Code pénal.

Remise, en cas de guerre étrangère ou civile, au moyen de la déclaration de mise en état de siége, du commandement de toute force publique locale par l'Assemblée nationale à l'autorité militaire précédemment constituée dans chaque province ou département.

Passage direct du même commandement à la même autorité en cas de violation de l'Assemblée nationale par suite de révolution, ou en cas de dissolution du Sénat par suite de coup d'État, avec obligation pour cette autorité de se mettre immédiatement à la disposition du Sénat en cas de violation de l'Assemblée nationale, ou à la disposition de l'assemblée locale en cas de dissolution du Sénat.

Codification à ce point de vue et remaniement dans cet intérêt des lois sur l'organisation de l'armée.

Extension de la discipline militaire dans les cas ci-dessus visés, à tous les citoyens susceptibles d'appel.

Obéissance à cette discipline maintenue par l'homogénéité des corps et la permanence des cadres, non moins que par une pénalité rigoureuse et une juridiction spéciale.

Subordination ainsi reconnue, en principe et en fait, de la liberté à l'autorité, — à l'autorité, expression de la liberté de tous.

VIII.

Réforme scolaire.

Affranchissement des liens du pouvoir civil ou temporel de ce qu'on peut appeler le pouvoir spirituel, c'est-à-dire de tout ce qui cherche à étendre indéfiniment, par le développement des sciences, des lettres et des arts, les pacifiques conquêtes de l'homme sur la nature et sur lui-même.

Désintéressement de l'État de tout rôle de partie, pour prendre exclusivement, par l'intermédiaire des magistrats, au milieu des arts de la paix, le rôle de juge ayant en main le glaive de la loi.

Abstention particulière de toute intervention directe de sa part dans l'enseignement primaire.

Instruction obligatoire par les parents, au moyen de la révision du Code pénal aussi bien en ce qui concerne les devoirs des enfants envers leurs parents qu'en ce qui touche les devoirs des parents envers leurs enfants.

Instruction gratuite par les communes qui la

jugeront opportune, et de la façon qu'elles préféreront au moyen de subventions.

Instruction gratuite et obligatoire par l'Etat dans les casernes, les tribunaux et les prisons, ou plutôt dans les camps retranchés, les établissements juridiques et les pénitenciers agricoles appelés à les remplacer.

Abandon non moins complet de la part de 'État, de toute prétention à la direction de l'enseignement secondaire ou professionnel et surieur.

Patronage de l'enseignement secondaire ou professionnel, et supérieur par les villes, qu'elles soient capitale, chefs-lieux de département ou de province, ou villes libres.

Rédaction des programmes, inspection des cours, octroi des diplômes par les corps librement institués en vue de cette diversité d'enseignement.

Rénovation, en dehors de toute participation de l'Etat, de la méthode d'enseignement classique, par le principe de l'observation individuelle appliquée au contrôle, à l'acquisition, au développement de la vérité traditionnelle, ce patrimoine du genre humain de la possession plus ou moins complète duquel dépendent l'état et les manifestations de l'esprit public dans chaque pays, sous forme d'inspirations, d'aspirations ou de conspirations.

Affirmation de la foi de tous dans le salut commun, grâce à la seule puissance de la vérité, par l'impartialité de l'État entre les combattants.

Subordination ainsi reconnue en principe et en fait, de la raison à la foi, — à la foi, expression de la raison universelle.

IX.

Réformes ecclésiastique et consulaire.

Réhabilitation de la science, et notamment de la religion.

Domination sur la politique de la morale rendue indépendante, non de la religion, dont elle constitue la pratique, mais de l'État.

Recherche par l'État de la justice, comme principe, comme but, comme moyen.

Solution dans cet esprit également conforme aux principes économiques et aux préceptes évangéliques de toutes les questions politiques intérieures et extérieures.

Restitution à l'Église, sous le contrôle de tous, la garantie des lois, sa propre responsabilité, de la faculté d'acquérir dans la mesure jugée nécessaire au fonctionnement de ses divers services.

Déduction, dans le compte de l'indemnité qui devra lui être allouée, de la valeur des immeubles consacrés au culte dont elle pourra devenir propriétaire.

Inscription à ce sujet, au Grand-Livre, d'une rente remplaçant le traitement actuel du clergé, et remboursable comme toutes les autres dettes par voie d'amortissement.

Nécessité, par voie de conséquence, de la nomination des curés par les évêques, sur la proposition des laïques de chaque paroisse et l'avis des commissions cantonales; de la nomination des évêques par le pape, sur la proposition du clergé de chaque diocèse et l'avis de la section compétente du Conseil d'État; de l'élection du pape par les évêques réunis en concile.

Rayonnement du pouvoir spirituel du pape maintenu au chef-lieu de la catholicité, de gré à gré entre l'Eglise universelle et les populations intéressées, comme l'expression vivante du sacrifice que la foi aime à faire à la charité de tout ce qui n'est pas son espérance.

Non intervention par les armes au dehors, sans l'assentiment au moins secret des peuples civilisés, dûment constaté par les agents du conseil d'État en pays étrangers.

Inspection de ces agents choisis parmi les commerçants étrangers jouissant de la plus grande considération en même temps que possédant la connaissance la plus complète des besoins et des ressources de leur pays, par des membres du Conseil d'Etat, c'est-à-dire par les producteurs, connaissant le mieux les ressources et les besoins du nôtre.

Ouverture, par la même initiative, initiative privée, mais organisée et puissante, du Conseil d'État transformé, d'expositions et de cours dans les villes, de bibliothèques et de correspondances dans les moindres communes, ayant pour but unique parfois peut-être, de créer des débouchés, mais pour résultat, en tous cas, tout au moins de détruire des préjugés.

Expansion de la France dans le monde, ainsi déterminée, sauf le cas de légitime défense, ci-dessus visé, par son retour à l'intelligence et à la pratique des vérités économiques et religieuses sur lesquelles repose toute véritable colonisation aussi bien que toute annexion durable, aussi bien même que toute unité politique digne de ce nom.

Subordination, ainsi reconnue en principe et en fait de l'intérêt au devoir,—au devoir, expression de l'intérêt suprême.

X.

Réforme morale.

Progrès, matériel et moral, rendu possible, en principe, par l'unification de la liberté et de l'autorité, de la raison et de la foi, de l'intérêt et du devoir, et nécessaire, en fait, par le jeu de toutes ces forces morales, tendant à s'organiser elles-mêmes sous le nom d'institutions, pour élever les intelligences, rapprocher les cœurs, identifier les volontés.

Réforme intérieure, par elles-mêmes opérée, sur ces bases, de la production, de la presse, de l'Université et de l'Église, devenues les instruments d'une politique de vie.

Fonctionnement régulier de ces grands ressorts sociaux supposant chez tous et imposant à chacun, riche et pauvre, l'intelligence de ses véritables intérêts, l'amour de la science, la pratique de ses devoirs aussi bien que l'exercice de ses droits, le culte de la justice, en un mot, la vertu à laquelle eux-mêmes devront leur mouvement.

Restauration dans la conscience, la famille, la patrie, du respect et des sentiments sacrés de la responsabilité et de la solidarité, aux lieu et place de l'indifférentisme des uns, du scepticisme des autres, du cosmopolitisme de plusieurs, et sous couleur de partis politiques, du protectionisme, du fonctionnarisme, du socialisme ou de l'égoïsme de tous.

Action et réaction salutaires de l'économie dans l'Etat, de l'accroissement de la richesse intellectuelle et morale, du développement de la véritable prospérité et de l'éducation du peuple qui peut n'être pas le but de la politique, mais qui doit en être le résultat.

Éducation du peuple par lui-même au moyen de la distribution aussi économique que possible de la justice; éducation du peuple par lui-même au moyen de l'obligation aussi universelle que possible, du service et de l'instruction militaires; éducation du peuple par lui-même au moyen de la solidarité morale et financière aussi étendue que possible de la commune.

Revivification du pouvoir qui, après avoir jadis résumé en lui tous les pouvoirs institués aujourd'hui dans le sein de la grande famille humaine, ne doit pas se laisser absorber par eux, du pouvoir paternel : floraison, fructification, multiplication de la famille; spécialisation d'aptitudes diverses dans un fond commun de bon sens et de santé.

XI.

Réforme sociale.

Stabilité, assurée en principe par la subordination actuelle, dans les conditions définies, de la liberté à l'autorité, de la raison à la foi, de l'intérêt au devoir, assurée dans l'application : moralement, par l'irresponsabilité de l'Etat dans tout ce qui ne fera plus partie de ses attributions essentiellement restreintes, et matériellement, par la concentration librement, utilement, fidèlement consentie entre ses mains de tout ce qui concerne la force et sa supériorité sans rivale possible dans ce domaine spécial.

Garantie particulière fournie contre le retour

des révolutions, des coups d'Etat et des invasions, par l'institution des départements ou provinces, dont chacune aura sa représentation propre, lui permettant de ne point laisser prédominer, ailleurs que dans la cité même, ou de faire tourner à l'avantage de tous et à l'honneur de la patrie commune, l'intérêt des grands centres de population, et de contribuer par sa part d'élaboration dans les projets de loi, à l'amélioration incessante de la législation générale du pays, mais dont chacune aussi jouira d'une organisation judiciaire et militaire la mettant en mesure, dans des cas déterminés par la loi elle-même, de marcher contre l'ennemi, ou de se passer de la capitale, soit isolément, soit avec les autres provinces.

Autre garantie particulière, d'un ordre supérieur, offerte par l'élection du Conseil d'État, le vaste et sérieux développement de l'esprit d'association et de l'instruction économique, qui sera la conséquence de son organisation et le choix qui devra lui être confié de nos représentants dans les pays étrangers, à l'heureuse solution des problèmes sociaux et internationaux.

XII.

Conséquence.

Revanche pacifique prise contre la Commune de Paris et la Prusse, par le triomphe de la civilisation, ou de l'ordre établi sur le progrès et la stabilité, c'est-à-dire sur l'unification de la force et du droit, et sur la subordination de la force au droit, — au droit, expression de la force non-seulement des hommes, mais des choses.

Le rétablissement de cet ordre se traduira en fait aux yeux de l'Europe et du monde, par l'élévation tant du chiffre que du niveau moral, intellectuel et physique de la population française, l'accession libre et spontanée à la Constitution française non-seulement des patriotiques populations qui viennent de nous être arrachées par la force, mais de plusieurs contrées environnantes et lointaines, et le transfert possible, dans ces conditions normales du siége tant du pouvoir exécutif que de la représentation nationale, au centre politique de la France régénérée.

Pour faire rentrer la Commune de Paris et la Prusse dans leurs limites naturelles, la pratique montre qu'il est nécessaire, la théorie prouve, qu'il est suffisant de faire rentrer l'Etat dans les siennes.

Juillet 1871.

www.ingramcontent.com/pod-product-compliance
Lightning Source LLC
Chambersburg PA
CBHW062004070426
42451CB00012BA/2637